myNews explica!

Budismo

Heródoto Barbeiro

70

myNews explica!

Budismo

Heródoto Barbeiro

70

MYNEWS EXPLICA BUDISMO

AUTOR: Heródoto Barbeiro

DIRETOR DA ALMEDINA BRASIL: Rodrigo Mentz
EDITOR DE CIÊNCIAS SOCIAIS E HUMANAS E LITERATURA:
Marco Pace
COORDENADORAS DA COLEÇÃO MYNEWS EXPLICA: Gabriela Lisboa e Mara Luquet
ASSISTENTES EDITORIAIS: Isabela Leite e Larissa Nogueira
ESTAGIÁRIA DE PRODUÇÃO: Laura Roberti

REVISÃO: Sol Coelho
DIAGRAMAÇÃO: Almedina
DESIGN DE CAPA: Roberta Bassanetto
IMAGEM DE CAPA: Ewam Monastery, SIliguri, India (Fotógrafo: Boudhayan Bardhan)

ISBN: 9788562938856
Agosto, 2022

Dados Internacionais de Catalogação na Publicação (CIP)
(Câmara Brasileira do Livro, SP, Brasil)

Barbeiro, Heródoto
MyNews explica budismo / Heródoto Barbeiro. –
São Paulo, SP : Edições 70, 2022.

Bibliografia.
ISBN 978-85-62938-85-6

1. Budismo - Doutrinas 2. Budismo - História
I. Título.

22-111578 CDD-294.3

Índices para catálogo sistemático:

1. Budismo : Religião 294.3

Eliete Marques da Silva - Bibliotecária - CRB-8/9380

Este livro segue as regras do novo Acordo Ortográfico da Língua Portuguesa (1990).

EDITORA: Almedina Brasil
Rua José Maria Lisboa, 860, Conj.131 e 132, Jardim Paulista | 01423-001 São Paulo | Brasil
www.almedina.com.br

Para meus mestres

Ryohan Shingu e
Ricardo Mário Gonçalves

Apresentação

Zelar pela informação correta de boa qualidade com fontes impecáveis é missão do jornalista. E nós no MyNews levamos isso muito a sério. No século 21, nosso desafio é saber combinar as tradicionais e inovadoras mídias criando um caldo de cultura que ultrapassa barreiras.

A nova fronteira do jornalismo é conseguir combinar todos esses caminhos para que nossa audiência esteja sempre bem atendida quando o assunto é conhecimento, informação e análise.

Confiantes de que nós estaremos sempre atentos e vigilantes, o MyNews foi criado com o objetivo de ser plural e um *hub* de pensamentos que serve como catalisador de debates e ideias para encontrar respostas aos novos desafios, sejam eles econômicos, políticos, culturais, tecnológicos, geopolíticos, enfim, respostas para a vida no planeta nestes tempos tão estranhos.

A parceria com a Almedina para lançar a coleção MyNews Explica vem de uma convergência de propósitos.

A editora que nasceu em Coimbra e ganhou o mundo lusófono compartilha da mesma filosofia e compromisso com o rigor da informação e conhecimento. É reconhecida pelo seu acervo de autores e títulos que figuram no panteão de fontes confiáveis, medalhões em seus campos de excelência.

A coleção MyNews Explica quer estar ao seu lado para desbravar os caminhos de todas as áreas do conhecimento.

Mara Luquet

Sumário

Introdução
Você Pode Ser um Budista e Não Sabe

Neste mundo, ódio nunca é apaziguado pelo ódio.
— Dhammapada

Um príncipe hindu procura pelo fim dos sofrimentos humanos. Já experimentou os dois polos da sensibilidade. Criado em um palácio real, tinha todos os desejos satisfeitos, mesmo assim caiu em profunda depressão. Abandonou tudo, inclusive esposa e filho, e se embrenhou na floresta. Tornou-se um monge mendicante com apenas um manto e uma tigela para pedir comida. Mergulhou até a porta da morte.

Nada.

Continuava depressivo e não via razão para viver. Quase morreu de fome em um jejum intenso. Foi salvo pelo acaso. O sofrimento devido ao envelhecimento, às doenças e a morte mostraram-lhe a natureza inexorável da vida e as aflições universais da humanidade. Não encontrou respostas na religião oficial de sua família, o hinduísmo.

Sidarta, este era o seu nome, resolveu levantar a cabeça e praticar a meditação *dhyana*. Era o caminho do meio. Todo o sofrimento do cotidiano, quer físico, quer psíquico, tem uma causa. Só uma meditação que controlasse a mente poderia identificar as causas dos sofrimentos e fazê-los desaparecer.

O caminho do meio passa pela atenção plena, ou *mindfulness*. Com base na sua experiência pessoal, descobre que é possível estancar o sofrimento. Basta estancar as causas. Estes passos são conhecidos como as Quatro Nobres Verdades. Após se livrar do sofrimento, encontra a paz. É um Buda. Um iluminado.

Ao invés de monopolizar o conhecimento para si mesmo, movido pela compaixão, vive mais quarenta anos ensinando o método de se livrar da dor. *Não acreditem em uma única palavra que eu digo, experimentem*, dizia o Buda em suas pregações pelo nordeste da Índia. Dominar a mente e manter sob controle a principal causa do sofrimento: o apego.

Vivemos no mundo do apego e do consumo. Agarramo-nos ao que conquistamos e ainda assim sofremos. Ainda queremos mais e temos que ficar atentos para que o que conquistamos não nos seja tomado. Um duplo sofrimento: querer mais e não dormir de preocupação com a perda da fortuna.

O exemplo do Buda foi vivido no século V a.C., uma era que o filósofo Karl Jaspers chamou de Era Axial. Uma outra sociedade, com outros costumes e ansiedades. Porém já se cultuava o poder, a fortuna e o sensualismo.

A sociedade contemporânea tem outros atributos, mas os desejos são semelhantes. Como conviver com uma situação antagônica entre o possuir e o não possuir?

O sofrimento está embutido nas duas. Então posso usar um terno Armani, possuir um carro Ferrari, um prendedor da gravata de diamante, um relógio Rolex e uma passagem no avião de turismo espacial do Jeff Bezos?

Sim, diz o caminho do meio. Porém não pode se apegar a eles. A pena é um imenso sofrimento. Para compreender esse paradoxo, viver em paz e ter controle do ego é necessário praticar meditação *dhyana*, ou atenção plena.

A sociedade ocidental pode não estar à procura das conquistas profundas do *mindfulness*, mas deve saber que pode mesmo almejar com a atenção plena a Iluminação. É um estado de aperfeiçoamento da mente onde ignorância, ódio e desejo são purificados através do reconhecimento da sabedoria primordial, a essência da realidade. A menos que estejamos aptos a treinar nossa mente e controlar as emoções que turvam nossa visão, não importa onde estamos e quanto tempo dedicamos a viver o *mindfulness*, o resultado não será bom. Em suma, a meditação é o ato de reconhecer nossa própria natureza interior.

A meditação pode ser praticada por qualquer pessoa. Esta também é uma característica do budismo. Não há nenhum choque com outras tradições.

1. Budismo: Religião, Filosofia ou Modo de Vida?

Aquele que faz o bem se alegra no presente e no futuro.
— Dhammapada

Discute-se no Ocidente se o budismo é ou não uma religião. Com certeza é uma religião de sabedoria onde o conhecimento e a inteligência dominam. É uma religião prática, devotada a condicionar a mente inserida no dia a dia, de maneira a levá-la à paz, serenidade, alegria, sabedoria e liberdades perfeitas.

O propósito do budismo

O budismo é um ideal humano universal. Oferece a qualquer pessoa ou sociedade um modo voluntário de pensamento e conduta, com base em uma análise de existência condicionada que depende do esforço humano supremo, dirigido no sentido de atingir a liberdade.

Em outros aspectos, entretanto, o budismo pode ser descrito como uma interpretação filosófica e expressão religiosa de um modo de viver. Asiático em sua origem, o budismo é primordialmente empírico em sua natureza. Seu propósito diz respeito à vida deste mundo. Segundo a prática, o futuro de cada um se encontra em suas próprias mãos, uma vez que todos são livres para decidir que caminho querem seguir.

A liberdade do pensamento é um requisito para a liberdade da existência. O espírito budista de tolerância está no centro da doutrina, por isso é uma religião que cultiva sobretudo a paz. Para tanto, não basta respeitar a própria religião e repudiar a dos outros. É preciso honrar todas as religiões uma vez que é uma escolha humana.

Embora todos os seres sencientes possam alcançar o esclarecimento por seus próprios esforços, pois cada qual é um buda latente, a existência humana surge como a ocasião mais indicada para tal esforço. Não se pode perder esta oportunidade. Devemos estar sempre cientes da dignidade humana e assim respeitar o próximo como ser igualmente digno. O budismo não se preocupa em definir uma causa primeira, nem a última — ou seja, o começo e o fim de tudo. Entende que aquilo que existe está em um círculo, logo não tem começo nem fim.

Afinal do que é feito o mundo que vivemos?

A palavra buda é um apelativo, não um nome próprio. Assim, várias pessoas que, comprovadamente, se iluminaram são chamadas de buda. Até mesmo os personagens do panteão chinês e japonês passaram a ser considerados budas por causa do sincretismo religioso que se processou nessas regiões asiáticas. O método de pregação utilizado pelo Buda, tem uma base dialética e dá amplo destaque para a conduta ética.

Os budistas acreditam que o mundo se compõe de cinco elementos cósmicos, também conhecidos como *skandhas.* São os elementos que se juntam para formar um ser humano.

1) forma;
2) sensação;
3) percepção;
4) formação mental;
5) consciência.

2. A Mente *Mente*. Mente?

A mente antecede todos os estados mentais.
— Dhammapada

A mente é um aspecto central no budismo, uma vez que ela pode criar tanto a felicidade quanto o sofrimento. Ela é terrível quando solta, sem limites, e autorizada a criar todo tipo de fantasia. É encrenca na certa. O funcionamento da mente é também impermanente, os pensamentos surgem e desaparecem constantemente, mudam a cada momento.

Ninguém nunca nasce em estado de buda. Ninguém nunca é iluminado desde o início da vida. Mas a iluminação é uma conquista que qualquer ser humano pode conseguir. Buda não deixou nada escrito — nem Jesus, Moisés ou Maomé. Seus ensinamentos foram memorizados pelos seus contemporâneos e, depois de sua morte, outras anotações foram feitas e atribuídas a ele alguns séculos depois.

No centro de todos os ensinamentos da doutrina budista, chamada de *dharma*, está o entendimento de que tanto o sofrimento como a satisfação se originam no mesmo ritmo com que a mente reage às circunstâncias da vida cotidiana. Segundo Buda, conquistar a felicidade é uma coisa simples. O segredo é querer o que se tem e não querer aquilo que não se tem. Obviamente, esta afirmação confronta os princípios da sociedade capitalista atual. Todos querem bater as metas e, não satisfeitos, tentam bater novamente, em um círculo incessante. Quem não ansiar conquistar mais mercado, vendas e acúmulo de resultado é descartado. Em outras palavras, o budismo diz que a sociedade do sempre querer é cada vez mais infeliz.

Buda apenas aponta o caminho. Não é um deus, não faz milagres. Cada um deve se esforçar por si próprio, como um doente que tem a decisão de tomar ou não um remédio — ou uma vacina.

O propósito real da meditação budista não é acalmar a mente, ainda que isso aconteça, e é bom. Não é também o de alienar a pessoa do mundo em que vive, nem a tornar radicalmente desapegada de tudo. O propósito que experimentam aqueles que meditam é a compreensão profunda e fundamentalmente libertadora sobre a natureza da realidade e sobre si mesmos. Saber fundamentalmente quem você é, e o que a vida é, liberta do sofrimento uma vez por todas. A meditação facilita essa compreensão ao oferecer uma atenção centrada e contínua ao funcionamento de sua mente e de seu coração.

Salvação individual ou coletiva?

No centro dessa transformação está a mente. Em muitas ocasiões, o próprio Buda disse que a mente cria, molda e experimenta tudo o que acontece, sem uma única exceção. É por isso que, do ponto de vista budista, o que acontece dentro de você é muito mais importante para determinar se você é feliz ou infeliz do que qualquer uma das circunstâncias externas de sua vida. Você pode estar com o último tênis da moda e continuar infeliz.

O que Buda diz, em essência, é que se você quer encontrar a verdadeira fonte dos seus problemas, terá que olhar para dentro de si mesmo. E já aviso, não é fácil. O sofrimento não é uma punição imposta a você por outras pessoas, pelas circunstâncias da vida ou por alguma força sobrenatural. O sofrimento ou insatisfação que você experimenta estão diretamente relacionados às atitudes que surgem dentro de seu próprio coração ou mente.

A solução está em erradicar o apego cobiçoso de seu coração e de sua mente.

3. A Construção da Doutrina Budista

Maravilhoso, é na realidade, domar a mente.
— Dhammapada

O budismo teve início há 2.500 anos com a experiência do despertar espiritual vivida por uma pessoa enquanto estava sentada em silêncio, debaixo de uma árvore. Ele era a própria encarnação de todas as virtudes que pregava, traduzindo suas palavras em ações. Ele formou uma ordem monástica, a *sangha*, e conseguiu um bom número de seguidores com o lema "venha e experimente você mesmo". Em linguagem atual, este era o marketing da religião que fundara.

Após a morte de Buda, foi realizado o primeiro concílio budista para coletar e organizar seus ensinamentos, chamados de *dharma*. Seus discursos foram posteriormente conhecidos como sutras. Mahakashyapa, o monge escolhido por Buda para presidir sua comunidade de monges, reuniu

500 discípulos para preservar os ensinamentos que compõem o *dharma*, a doutrina.

O discípulo mais próximo de Sidarta era o seu parente, Ananda. Ele começava cada recitação com as palavras "Assim eu ouvi", para indicar que ele próprio havia estado presente no momento do ensinamento prestes a ser considerado autêntico. Era uma testemunha viva e, por isso, tinha credibilidade. Ou seja, era uma fonte importante da doutrina que se estruturava.

Este primeiro conselho dividiu formalmente os discursos do *dharma* em três arquivos, ou *tripitakas*, que formam as categorias principais do cânone budista.

A cesta do discurso recitada por Ananda contém o conselho que Buda deu quanto à prática da meditação e outros tópicos relacionados a ela.

A cesta da disciplina, recitada pelo monge Upali, contém mais de 225 regras de conduta que o Buda difundiu para sua comunidade monástica. Curiosamente, Upali era barbeiro no reino de Kapilavastu, onde morava a família de Sidarta, o Buda. Em tempo, não era meu parente.

A cesta do conhecimento era o que se pode chamar de fenomenologia budista, uma análise científica da realidade a partir do ponto de vista de Buda. Em particular, ele queria que seus discípulos soubessem como a mente funciona, a maneira como o sofrimento surge e como ele pode ser eliminado.

4. As Maiores Escolas do Budismo

Escravo da teimosia mental é aquele que se apega tenazmente a coisas que deseja e cujos frutos pode gozar.
— Bhagavad Gita

Com o tempo, várias escolas surgiram na Índia e as interpretações às vezes eram conflitantes. Para lidar com as várias questões que estavam dividindo a comunidade, a *Sangha*, um segundo conselho budista, foi realizado em Vaishali cerca de cem anos após o primeiro. Após alguns séculos da morte de Buda, pelo menos dezoito escolas budistas diferentes estavam ativas em toda a Índia. Cada uma delas tinha sua própria versão daquilo que Buda ensinou e sua própria maneira de interpretar e praticar esses ensinamentos.

Finalmente entra em cena a escrita

A escrita é tão antiga quanto os reinos da Mesopotâmia e do Egito. Cada um deles tinha o seu próprio sistema de anotações, ora em pedra, ora em tabuinhas de argila. Havia grande dificuldade de se trocar informações entre os povos, uma vez que as chaves das escritas eram difíceis e complicadas.

Na borda do Mediterrâneo, o povo fenício dedicava-se ao comércio e tinha contato constante com os povos litorâneos, das caravanas que vinham da Ásia, do Egito e do Oriente Médio. Desenvolveram o primeiro alfabeto da história e provocaram uma revolução no mundo antigo. O alfabeto foi adotado pelos gregos e depois pelos romanos. Graças a ele, a acumulação da cultura não se perdeu totalmente, ainda que algumas bibliotecas tenham sido queimadas por tiranos ou durante guerras.

Outros povos mantiveram suas escritas originais, entre eles chineses, japoneses e indianos. Por isso, os textos búdicos foram redigidos inicialmente em sânscrito e páli, língua difundida no sul do subcontinente indiano, hoje conhecido como Sri Lanka.

Até então, a transmissão da doutrina se fazia oralmente. Ora suprimia-se parte dela, ora se acrescentava novos tópicos. Era preciso escrever, e coube ao imperador Ashoka difundir o budismo em boa parte do subcontinente indiano e apoiar a escrituração dos ensinamentos atribuídos ao iluminado. Eles foram escritos em sânscrito.

Buda viveu no século V a.C. e, 400 anos depois, os ensinamentos foram escritos no Sri Lanka, na língua páli.

Nem a escrita impediu a formação de três grandes escolas búdicas. No sul, a escola *theravada*, ou *hinayana* ("pequeno veículo"), se ateve aos ensinamentos do Buda e, por isso, se considera mais próxima dos ensinamentos do mestre. Já a escola *mahayana* ("grande veículo"), acrescentou outras interpretações oriundas das culturas por onde se espalhou, especialmente na China. Shakyamuni é o nome do Buda histórico, fundador da religião. Por fim, a escola *vajrayana* se desenvolveu sobretudo no Tibete e sofreu forte influência das religiões locais.

Embora o budismo *mahayana* tenha nascido na Índia, muito de seu desenvolvimento posterior aconteceu na China. Suas ideias pareciam estar em conflito com o ideal confuciano de um universo bem-estruturado, no qual as coisas funcionam harmoniosamente se você simplesmente executar a sua função. Ele chegou lá no século I d.C., na corte do Imperador Ming.

Os chineses também começaram a notar certas semelhanças entre o budismo e o taoísmo, e juntaram o tao ensinado por sua filosofia nativa ao *dharma*, explicitado no budismo. Vale lembrar que o fundador do taoísmo foi Lao-Tsé. Confúcio também viveu nessa época. Zoroastro, ou Zaratustra, estava em Atenas. Na Grécia, vivia Sócrates.

5. De Volta às Origens

Realmente perseverante é o homem quando domina os impulsos do coração.
— Bhagavad Gita

O monge indiano Bodhidharma, dez séculos após a morte do Buda, trouxe para a China alguns textos em sânscrito e é considerado o fundador da escola *ch'an*, ou *dhyana*, como era conhecida na Índia. Bodhidharma teria recebido um convite do Imperador Wu, interessado em filosofia e religião. Contudo, os seus ensinamentos confrontaram-se com os do Imperador, e o monge foi desterrado para montanhas nos confins do Império do Meio. Nessa época, era perigoso bater de frente com os poderosos.

Ele não estava lá para alegrar o monarca nem o clero budista encastelado na corte, nos templos abastecidos pela população pobre, ou nos haréns imperiais. Tinha como objetivo ensinar a meditação *dhyana*, que os chineses pronunciavam *ch'an*. Segundo ele, a meditação é uma confrontação direta com o momento presente e é capaz de acarretar uma compreensão penetrante sobre a real natureza da realidade. Despertar para essa compreensão não conceitual e não dualista é o núcleo do budismo *ch'an* ou zen, como ficou conhecido no Japão.

A meditação zen está baseada em uma transmissão direta e silenciosa da compreensão. Sem livros, sem escrita, sem vídeo, sem metaverso. Contudo, os ensinamentos e práticas exaustivas, com disciplina dura, eram para poucos. Nem todos conseguem seguir os ensinamentos da nova escola.

O povo em geral preferia as práticas budistas mais devocionais, com rezas, incenso e oferendas aos *bodhisattvas* — seres considerados próximos da iluminação, mas que se recusam a se tornarem budas por compaixão ao sofrimento da humanidade. Vistos por muitos como deuses, os *bodhisattvas* só passariam pela transformação quando todos os seres humanos fossem salvos do sofrimento, o que explica as inúmeras estátuas desses seres em panteões chineses, japoneses e indianos. A mais conhecida é Avalokiteshvara, que tem correspondentes em outras culturas com outros nomes.

Duas escolas do budismo chinês — a Terra Pura e a meditação — conseguiram sobreviver à perseguição política no século IX d.C. relativamente ilesas. Três outras foram transpostas com êxito para o Japão, antes de sofrerem um sério declínio em sua terra natal. O clero de algumas seitas se misturou com a disputa do trono, participando das fofocas da corte e expressando predileção por este ou aquele mandatário. Algumas acumularam bens e seus monges viviam no conforto que o Buda abandonou quando deixou seu palácio em busca da paz interior. Havia ainda conflitos com o clero taoísta e os burocratas confucionistas. Em tempo, Confúcio não fundou nenhuma religião.

A escola budista Terra Pura tira sua inspiração e direcionamento dos sutras *mahayana*, que se concentram em Amitabha, o Buda da luz infinita. Diferentemente do Buda histórico, Shakyamuni, que andava pela terra há 2.500 anos, Amitabha é um ser transcendental que existe além dos limites do tempo e espaço comuns. Sua história transporta a fé budista a um reino místico de maravilhas e belezas extraordinárias, mas, paradoxalmente, esse reino está tão próximo quanto o seu próprio coração.

De acordo com os sutras nos quais Shakyamuni revelou a existência desse Buda, Amitabha reside no paraíso ocidental de Sukhavati, a terra do puro êxtase. Esse paraíso passou a existir como o resultado de uma série de votos sinceros que Amitabha fez perante seu guru. Nesses votos, Amitabha disse que estabeleceria um reino sagrado para o benefício máximo de todos os seres após sua própria realização no estado de buda. Quando uma pessoa nasce nesse reino, ela tem a garantia de que alcançará a iluminação plena.

Para renascer nesta terra pura, tudo o que você precisa fazer é ter uma fé resoluta em Amitabha. Se você tiver fé, Amitabha e seu séquito de *bodhisattvas* aparecerão no momento de sua morte e o levarão diretamente a Sukhavati, onde você se sentará sobre uma flor-de-lótus aberta e se banhará na luz infinita de Amitabha.

No Japão, o budismo Terra Pura se tornou uma das principais tradições do *dharma* e se dividiu em duas escolas separadas, a *jodo-shu* e a *jodo shinshu.*

Jodo-shu, traduzida literalmente do japonês como a "escola terra pura", foi fundada pelo monge Honen no século XII d.C., uma das grandes figuras do budismo japonês. Ele encorajava a simples prática de recitar o *nembutsu*, ou oração ao Buda Amitabha.

O monge Shinran foi um dos muitos discípulos que receberam a prática do *nembutsu* de Honen. Em 1225, ele começou sua própria tradição, a qual chamou de *jodo shinshu*, para diferenciá-la da tradição de seu falecido mestre. O monge Nichiren fundou, depois, outra tradição do budismo japonês.

O zen no Japão

Zen, como já disse, pode ser relacionado ao termo sânscrito *dhyana*, que significa meditação. Na China, é conhecido como *ch'an*. Segundo Bodhidharma, a meditação é uma confrontação direta com o momento presente e é capaz de acarretar uma compreensão penetrante sobre a real natureza da realidade. Despertar para essa compreensão não conceitual e não dualista é o núcleo do budismo zen.

A escola *rinzai zen* foi trazida para o Japão da China pelo monge Eisai no século XII d.C. Ela dá ênfase ao uso de pequenas histórias, conhecidas como koans, para confundir a mente e criar uma compreensão direta. Já a escola *soto zen*, onde foi educado o autor deste livro, foi introduzida no Japão pelo monge Dogen no século XIII d.C. Ela concentra-se no *zazen*, ou seja, na meditação sentada, diante de uma parede. A disciplina é bastante rígida. No Brasil, esta escola foi dirigida inicialmente pelo monge japonês Ryohan Shingu, homenageado neste livro.

É possível aqui distinguir os dois caminhos propostos por essas seitas. Na escola *rinzai*, a iluminação se dá instantaneamente. Já na escola *soto*, é um caminho gradativo. Vou dar um exemplo mais para frente.

A meditação *homemade*

A meditação pode ser feita nos templos, mas pode também ser praticada em casa. Não é preciso sinos, tambores, roupas religiosas nem cabeças raspadas. Basta o desejo de controlar a mente, de dar um passo a cada vez. Você não vai conseguir levitar nos primeiros dias — nem nos últimos —, não vai ter a sensação de um terceiro olho no centro da testa, nem ver a sua essência pairar sobre o seu corpo presa por uma corrente de energia.

Essas histórias fantásticas inebriaram muita gente. Imagine levitar...

Uma boa parte dessa ficção foi difundida por um campeão de livraria, Lobsang Rampa. Ele se apresentava como um monge lamaísta, capaz de fazer coisas incríveis, até que se descobriu que nada disso tinha a ver com o budismo e que era tudo ficção. Ele nunca tinha estado no Tibete, nem era monge de coisa alguma. Deve ter ficado rico como tantos outros magos da literatura fantástica.

Vamos começar humildemente com um cantinho em casa, com pouca luz, silencioso e que possa ser usado sem ser interrompido por, pelo menos, meia hora. Avise ao seu ou à sua cônjuge, veja se as crianças estão na escola, ou jogando videogame, e se os gatos e os cachorros estão bem alimentados. Sente-se, se possível, com as pernas cruzadas. Coluna ereta é fundamental, como diz o cantor Walter Franco. Balance o corpo para a direita, para a esquerda, dê uma pequena volta para a esquerda e depois direita. Com isso, se acha o eixo da posição ereta mais confortável. Não feche os olhos nunca. Inicie a meditação concentrando-se na respiração e afastando os pensamentos inoportunos.

Não há segredo, nem é necessário ter se enclausurado em uma cela subterrânea no Tibete ou em Myanmar. Basta se sentar e meditar. Não é fácil, mas é prazeroso e os resultados começam a aparecer em pouco tempo. E não se torture jamais. Se não estiver confortável, pare. Faça outro dia. Ninguém chega lá sentindo dor física ou moral.

6. Desafio: Decifre os Dois Koans

Assim como um arqueiro endireita a haste da flecha, também o homem firme endireita a sua mente volúvel e instável, tão difícil de domar.

— Dhammapada

Um homem anda em uma estrada no meio de uma imensa plantação de trigo. O sol é escaldante e nada parece se mexer. A monotonia toma conta de tudo e de boa parte da viagem. Em determinado momento, ele sente que está sendo observado. Não muito longe, em uma elevação, aparece um imenso tigre. O homem se põe a correr e o animal sai em sua perseguição. Corre até uma curva onde, repentinamente, a estrada termina em um imenso desfiladeiro. Sem alternativa, com o tigre cada vez mais próximo, se esgueira pelo penhasco até alcançar e se pendurar em uma raiz velha que sai da terra. Pensa em continuar a descida até o fundo, mas, para sua surpresa, lá embaixo está a caverna do tigre com a fêmea e os filhotes esfomeados. De um buraco ao lado da raiz saem dois ratos, um preto e outro branco, que começam a roê-la. Sem poder subir, nem descer, olha do lado da raiz e identifica um pé de morango selvagem. Bem na ponta tem uma fruta bem vermelha. Ele a come, e acha delicioso.

Qual é a sua interpretação?

O velho monge vivia afastado da comunidade em uma colina próxima. Vez por outra os pescadores da aldeia vinham e deixavam algum alimento para ele. Um dia, chegou à sua porta um grupo de pessoas liderado pelo chefe dos pescadores. Sem que o monge pudesse entender o que se passava, o chefe apontou para uma jovem com uma criança no colo e disse que ela contou na aldeia que aquele era o filho dele, e por isso deveria criá-lo. Deixaram a criança no chão e esperaram pela reação do monge.

"Ah é...", foi a sua resposta.

O velho monge adotou e passou a educar a criança como se fosse mesmo o seu filho. Depois de alguns anos, surgiu uma nova aglomeração na porta de sua pobre cabana. Desta vez, o chefe dos pescadores tinha um tom amigável e disse que haviam cometido um terrível engano. A jovem contou que o verdadeiro pai da criança era um pescador e que queria o menino de volta. Perguntou ao monge se ele não se ofenderia, ao que ele respondeu:

"Ah é..."

Mais um exemplo para sua interpretação.

A tradição *soto*, em particular, enfatiza que cada atividade oferece uma oportunidade de expressar sua verdadeira natureza por meio de um cuidado e atenção genuínos. O foco zen no prático e imediato é refletido em seu senso estético austero, mas ainda altamente refinado, o que se tornou uma parte integrante da cultura chinesa e japonesa tradicionais. Quem já não viu uma cerimônia do chá ou um arranjo de *ikebana*?

A escola do Dalai Lama

A vertente *vajrayana* não é uma invenção tibetana, como alguns chegaram a imaginar. Ela é um produto dos mesmos desenvolvimentos budistas da Índia que foram responsáveis por outras escolas *mahayana* mencionadas anteriormente neste livro. Como todas as outras formas do budismo, a *vajrayana* alega transmitir os ensinamentos autênticos do Buda, embora os textos dessa abordagem tenham aparecido muito tempo após a morte do mestre.

O tantra é o mais poderoso desses ensinamentos avançados e foi durante muito tempo alvo de mal-entendidos. Embora essa escola tenha durado apenas um século na China, o monge Kukai a levou para o Japão e construiu um templo no século IX d.C. Esta tradição é conhecida como *shingon*.

Quando o budismo sofreu forte perseguição na Índia, com a invasão de povos islâmicos, a tradição *vajrayana* já estava firmemente estabelecida no Tibete e nas regiões vizinhas do Himalaia, como no Butão e no Nepal. Os rituais locais são complexos: apresentam músicas, canto, elementos simbólicos, gestos estilizados e palavras com poder.

Budismo no Brasil

A colonização japonesa no início do século XX trouxe em sua bagagem também a cultura religiosa do povo.

Em 1908, o primeiro monge budista veio a bordo do Kasato Maru, no porto de Santos. Os imigrantes vinham para trabalhar nas culturas do café, esteio da economia brasileira na época da República Velha. Foram para o interior do estado de São Paulo se juntar aos imigrantes italianos que chegaram ainda na época do Império. Minhas avós também vieram da Itália. Em Marília, se instalou um pequeno templo, depois em Mogi das Cruzes, área de forte presença nipônica.

Templos de origem japonesa, chinesa e tibetana já se espalham por diversos estados brasileiros e podem ser identificados na internet. Lá está não só a história da tradição como da implantação no Brasil e horários de meditações e cultos abertos aos interessados em conhecer o budismo. Há bibliotecas, livrarias, salas de meditação, calendário de festas — enfim, uma programação religiosa como a de outras religiões. Dê uma olhada no site dessas entidades.

A Monja Coen, também educada no *soto zen*, é a mais conhecida divulgadora do budismo no Brasil. Ex-jornalista, tem um templo em São Paulo, Zendo Brasil (oficialmente, Templo Taikozan Tenzuizenji, fundado em 2001), e muitos livros publicados.

7. O Budismo na Prática

Ninguém pode fazer um bem maior do que cada um a si próprio.
— Dhammapada

No budismo, a prática difere de acordo com as escolas. De modo geral, todos aceitam o mantra que diz que as pessoas se refugiam nas três joias. Ou seja: Buda, o *dharma* e a *sangha.*

Buddham saranam gacchami
Darman saranam gacchami
Sangan saranam gacchami[1]
Há outros mantras bastante conhecidos, como:
Namo tassa bhagavato arahato samma sambuddhassa.
(Veneração ao abençoado, esclarecido, perfeitamente esclarecido).

[1] N.E.: "Eu me refugio no Buda / Em me refugio no dharma / Em me refugio na sangha."

Em templos de tradição zen, o ponto central é a meditação no zendo, a sala destinada para isso. As pessoas se sentam com as pernas cruzadas, diante de uma parede branca e sob a orientação do monge que conduz a meditação e orienta a posição correta de todos. São, geralmente, dois ciclos de meia hora com um pequeno intervalo entre eles. Na segunda parte, o superior do templo fala sobre a doutrina para que todos tomem conhecimento. Há outras práticas mostradas no meu livro, *Budismo* (Editora Bella, 2014).

Em alguns templos, há cerimônias públicas e locais para a queima de incenso. Nas casas, as pessoas também têm pequenos altares, geralmente com a figura do Buda — que, lembro mais uma vez, não é um deus, não faz milagres, nem ajuda ninguém. As estátuas são apenas homenagens ao fundador do budismo e seus seguidores. Também há incensários. As pessoas reservam um lugar para se sentar e meditar por pelo menos 15 minutos de manhã e à tarde.

Em alguns lugares há misturas de estátuas do budismo com outras religiões orientais. O avatar Krishna é um dos mais votados. Nada contra estátuas. Não são sagradas e, se forem de madeira, podem alimentar a lareira caso faça frio intenso. Não há heresia, nem qualquer ofensa, nem mesmo quando o Talibã destruiu grandes cabeças do Buda talhadas nas montanhas a tiros de canhão. Desperdiçaram balas e destruíram um monumento que pertence à herança cultural de toda a humanidade.

Monges se casam e podem desistir quando quiserem

Em japonês, o termo para a ordenação monástica significa, literalmente, "sair de casa", talvez porque muitos monges e monjas, tradicionalmente, entraram para o monastério ou para o mosteiro enquanto jovens, deixando a casa dos seus pais ou guardiães.

Por exemplo, no Japão, o sacerdote — que treina durante um período de meses ou anos e depois volta para seu templo natal para casar-se — substitui em grande parte o monge, criando uma família e servindo a comunidade leiga. São chamados de monges leigos. O autor deste livro foi reconhecido como tal no templo *soto zen* com o nome de Gento Ryotetso.

No budismo tibetano, algumas linhagens enfatizam o monasticismo pleno, ou seja, viver nos templos. Mas outras linhagens encorajam que os seguidores sinceros combinem a vida de casado com a prática espiritual. Em alguns casos, os monges hesitam entre a vida monástica e a convivência social. O filme "Samsara" (Ron Fricke, 2001) retrata bem isso.

8. Meditação: Qualquer Pessoa Pode Experimentar

Pureza de coração, serenidade, o culto do silêncio, incessante desejo
de disciplina, mente piedosa e firmeza de vontade —
é esta a mortificação interior aconselhada pelo espírito.
— Bhagavad Gita

Meditação não significa ficar com a cabeça nas nuvens. O objetivo da meditação não é deixar sua mente completamente vazia, de forma que você pare totalmente de pensar. Ela não é algo que você pode fazer apenas enquanto está sentado. Você pode correr, andar ou viajar de avião e meditar. Não precisa raspar o cabelo nem vestir um manto amarelo.

A meditação também é um processo de tornar-se amigo de si mesmo. Ao invés de voltar sua atenção para fora, para as outras pessoas ou para o mundo externo, você se volta para dentro, para si mesmo. É lá que está a essência do buda: todos a têm. É um método para conhecer a própria mente.

Buda compara a mente a um elefante louco, ou um touro selvagem, mas a mente que opera sob a influência de venenos como o ódio, apego e ignorância é ainda mais destrutiva do que uma manada inteira de elefantes temperamentais. Ou uma torcida organizada depois da derrota do time. A meditação é um método para desprogramar os efeitos do condicionamento.

Os mestres gostam de lembrar a seus alunos que a mente pode ser sua pior inimiga ou sua melhor amiga. A mente controlada ajuda o ser humano a:

1) ser mais flexível e criativo na maneira como lidar com situações potencialmente difíceis;
2) renunciar a velhos padrões de hábito que o mantém preso à insatisfação e à frustração. É mais difícil abandonar o velho do que aderir ao novo;
3) despertar para o momento presente, não se prender ao passado que não existe mais e ao futuro que ainda não aconteceu;
4) fazer amizade consigo mesmo. Muitos de nós somos inimigos de nós mesmos;
5) conectar-se mais profundamente com as outras pessoas;
6) relaxar o corpo e acalmar a mente;
7) animar-se mesmo em momentos de adversidade;
8) experimentar o foco e o fluxo da vida;
9) sentir-se mais centrado, com o pé no chão e equilibrado.

Embora as várias tradições sejam um tanto diferentes quanto às técnicas que usam para desenvolver essas habilidades, geralmente concordam que a consciência atenta, a concentração e a compreensão trabalham juntas, e que os três fatores são essenciais se você quiser atingir o objetivo da realização espiritual.

Assim como os monastérios, os centros zen oferecem uma rotina diária de meditação, rituais de trabalho combinados a palestras regulares e grupos de estudos. No Brasil, existem vários. São abertos a todos em horários agendados.

Seja qual for o caso, o budismo tem seus próprios fortes precedentes para essa abordagem: a tradição *mahayana*, da qual o zen é parte, entende os membros leigos e monásticos como iguais em sua capacidade de alcançar a iluminação. Ações do cotidiano também podem ser realizadas com a atenção plena, como lavar a louça, dirigir um carro, cultivar um jardim.

A *sangha* é considerada uma das três joias do budismo, juntamente com o Buda e o *dharma*. Por isso, a maioria dos centros zen oferece meditações em grupos diários, geralmente logo no início da manhã, antes do trabalho, e à noite, após o trabalho.

Já na tradição *jodo shinshu*, você recebe instruções de que a entrada para a Terra Pura (que é mais um estado mental do que um reino futuro) ocorre por meio de outro poder, em vez de acontecer por meio de qualquer coisa que você próprio tente fazer.

Com esse espírito, o *jodo shinshu* enfatiza que a vida cotidiana, no contexto da família e dos amigos, é o ambiente perfeito para a prática espiritual.

9. Kushinagar: A Morte de Buda

Há aqueles que não percebem que um dia todos nós morremos.
— Dhammapada

Buda não foi para o céu. Não ressuscitou e não reencarnou. Libertou-se do ciclo do nascimento, crescimento, doença e morte. Voltou para o vazio para não voltar nunca mais.

No entanto, como acontece com tantos outros líderes religiosos, peregrinos frequentam os lugares mais significativos de sua vida. Eu mesmo já estive em Lumbini, onde nasceu Sidarta; em Bodhi Gaia, onde se iluminou sob a árvore Bo; em Benares, também chamado de Varanasi, onde fez seu primeiro discurso; e em Kushinagar, onde morreu aos oitenta anos.

Ele era um ser plenamente iluminado, que não mais sofria com a ilusão de ser um eu separado. Buda não temia a morte, nem pensava nela como um evento temível. Para ele, a morte era o *parinirvana*, ou a libertação final. Há mais detalhes no meu livro *Buda: O Mito e a Realidade* (Editora Madras, 2014).

10. Nirvana Não É o Paraíso Sonhado em Outras Religiões

Longa é a existência mundana para os tolos
que não conhecem a verdade sublime.
— Dhammapada

Há religiões que reservam para as pessoas a vida após a morte em um paraíso. Desde o Império Egípcio, as pessoas acreditavam que um dia voltariam para viver na Terra e, por isso, preservaram os corpos mumificados. As religiões monoteístas creem na existência do paraíso para as pessoas que tiveram uma existência voltada para o bem, e um inferno para os que agiram incorretamente.

No budismo não há esse conceito de céu e inferno. A palavra "nirvana" significa, literalmente, "apagar", referindo-se à chama do desejo que nos faz permanecer como seres não iluminados, retornando infinitamente, de um renascimento ao outro. As diferentes escolas budistas descreveram a iluminação e o nirvana de forma diversa.

Na tradição *theravada*, o nirvana é considerado como a verdade absoluta, a percepção completa das coisas como elas são: tudo muda constantemente e não tem uma essência permanente e eterna. Já na escola tibetana, ou *vajrayana*, a realização do estado de buda parece ser altamente ideal. Os seres completamente iluminados experimentaram o fim de todo desejo e de outras emoções negativas, mas essas pessoas também exibem dez milhões de qualidades benéficas, incluindo amor e compaixão ilimitados, sabedoria infinita e onipresente, atividade iluminada incessante para o bem-estar de todos os seres e a capacidade de acelerar os outros em seu caminho à iluminação.

O zen, por sua vez, assume uma abordagem sobre a iluminação diferente daquelas vistas nas escolas *theravada* e *vajrayana*. Em vez de enfatizar um caminho progressivo para um ideal espiritual exaltado, os grandes mestres zen ensinam que iluminação completa está sempre disponível aqui e agora, nesse exato momento. Ela pode ser experimentada diretamente por meio de uma explosão repentina de compreensão, conhecida em japonês como *kensho* e *satori*.

A iluminação sinaliza consistentemente o fim da ilusão da separação. Em todas as tradições, a iluminação também leva, inevitavelmente, ao fim de toda ganância, raiva, ignorância e medo, e ao nascimento da paz, alegria, bondade amorosa e à compaixão, inabaláveis e indescritíveis pelos outros.

A iluminação, em todas as tradições, envolve estar plenamente no mundo, mas não pertencente a ele. É aquela história de usar uma bolsa da Louis Vuitton e não se apegar a ela.

Levando a morte para o lado pessoal

O fato é que a maioria das pessoas vive suas vidas como se nunca fosse morrer. O budismo sempre considerou a morte como um dos mestres mais poderosos, mas isso não o torna uma religião triste, ou de negação à vida.

O budismo ensina que, se você vai se beneficiar plenamente desta oportunidade preciosa de fazer algo significativo com sua existência, deve manter a ideia de que a morte é algo real, uma certeza. Eis algumas considerações do *vajrayana*:

1) Entenda que sua morte é definitiva;
2) Você não pode fazer nada para impedir o inevitável;
3) Seu tempo de vida está sempre diminuindo;
4) Você vai morrer, independentemente de ter feito algo que valha a pena nesta vida.

Na verdade, quando os iogues tântricos chegam ao fim de suas vidas, eles já morreram inúmeras vezes e sabem exatamente o que esperar. De acordo com os ensinamentos *vajrayana*, sua forma física não é o único corpo que você possui. Debaixo dessa forma física, está um corpo mais sutil. Todas as tradições budistas concordam que a morte é um motivador poderoso, que a verdade sobre quem você é não morre e que o momento da morte pode ser um momento especialmente oportuno para despertar para essa verdade superior sobre quem você é.

A escola *theravada* considera que, devido ao fato de que a morte é simplesmente o limite entre o fim de uma vida e o início da próxima, seu sofrimento não termina quando você morre. A morte apenas acelera seu próximo renascimento. Já no zen budismo, a falta de medo face à morte é uma das características do ser plenamente iluminado. Por isso, o zen realmente encoraja você a morrer em cada momento antes de, de fato, morrer. É preciso renunciar ao apego e ao controle em cada ação e cada respiração, assim como vai precisar se desapegar de tudo no momento da sua morte.

Todo mundo vai renascer

Esta é uma das máximas do budismo. Todo mundo renasce para mais uma vida. Como já disse, só os que alcançaram a iluminação e se tornaram um buda não renascem. No Ocidente, o renascimento é rotulado de reencarnação. O budismo parte do princípio de que tudo está sob constante mudança cíclica, portanto nada é eterno. Isso vale para o corpo humano e, também, para uma montanha. Tudo muda. A impermanência é inevitável e, com ela, a morte.

É compreensível que as pessoas sintam a morte das pessoas amadas. Porém, o sofrimento é maior quanto maior for o apego a essas pessoas. Apenas o entendimento do ciclo de vida pode aliviar a dor da perda. Uma mulher com uma criança morta no colo procurou o Buda e o encontrou em uma aldeia da Índia. Aos prantos, pediu a ele que fizesse ressuscitar o filho. Buda respondeu que iria atendê-la, mas para isso precisava de sementes de gergelim de uma casa onde a morte nunca tivesse entrado. Ela percorreu casa por casa e em todas alguém tinha morrido. No início da noite, voltou e procurou o Buda e disse-lhe que tinha entendido o que era a morte e permitiu que o filho fosse cremado.

11. Por Que os Budistas Não São Enterrados?

Os construtores de canais regulam as águas,
os arqueiros endireitam os eixos das flechas,
os carpinteiros dão forma à madeira,
e os bons dominam-se a si próprios.
— Dhammapada

A tradição budista carrega uma forte dose da cultura hindu. Não podemos esquecer que Sidarta era hinduísta. Na religião hindu, os corpos, se possível, são cremados às margens do rio Ganges. Os ricos usam a caríssima madeira de sândalo, os pobres coletam gravetos. A maioria da população é cremada em crematórios públicos. Um dos locais sagrados mais conhecidos de cremação é Varanasi, ou Benares, no tempo do Buda. Ele mesmo foi cremado de acordo com a tradição hindu.

O budismo não é uma religião necrófila, apenas entende a morte como um acontecimento na vida. Todo o sofrimento tem como base o imenso apego ao corpo, que é identificado como "eu". Há uma consciência que se abriga no corpo humano. Enquanto o corpo existe, uma vez que ele é apenas o hardware, nele habita a consciência, o software. Como um computador, o hardware fica ultrapassado e nós precisamos de um outro mais rápido, mais ágil, com mais espaço para novos programas. Portanto, a morte é quando o software precisa de um novo hardware e migra.

O software, ou "consciência", não se perde. Muda para outro hardware até que o ser se ilumine e quebre o ciclo de nascimento e morte. Não é fácil, como já mostrei aqui. É preciso se iluminar, como ensinou o Buda.

"Budistas são insensíveis com a dor dos outros."

Há um equívoco ao taxar os budistas de insensíveis com a dor da morte sofrida por outras pessoas. Há apenas a compreensão de que a morte é só a separação do corpo da "consciência." Nada mais.

Então os budistas não choram? Choram. Até mesmo Ananda, o melhor amigo do Buda, chorou quando o mestre começou a morrer. Imediatamente, Buda chamou a atenção de Ananda para entender o que estava acontecendo com ele e que todos passariam pelo mesmo processo. Se há renascimento, por que chorar?

Então o budismo não se opõe à eutanásia? Não. Se é um ato voluntário da pessoa, deve ser respeitado o seu desejo de migrar de um corpo para o outro. Sei que isso é polêmico e que em outras religiões o entendimento é diferente.

Respeitosamente, todos têm o direito de praticar suas crenças. Apoiar as pessoas na hora da morte é um gesto de solidariedade. Portanto, a morte não deve ser vista como um fim, e sim como um começo.

Pode parecer um pouco rude, mas sofrer demasiadamente e lamentar de forma infindável a morte de alguém é desconhecer o preceito budista de nascimento, morte, renascimento, morte.

"Olha lá vai passando a procissão."

Este verso é do Gilberto Gil. Também o funeral budista tem solenidade, uma homenagem a alguém que merece o respeito daqueles que conviveram com ele. Não há necessidade de vestir o preto do luto, uma vez que isso não muda nada. Em tempo, qual é a cor do luto? Preto, branco... Depende da cultura local. Há um altar simples com a imagem do Buda, queima de incenso e, segundo algumas culturas, há oferenda de frutas e flores. Alguns monges podem ler sutras, cantar versos e proferir um discurso sobre a vida do morto. Este já não pode usufruir de nada disso, uma vez que já renasceu. Vive em outra existência.

Não se deve confundir determinados rituais chineses, japoneses, tibetanos ou de outro povo com o budismo. Uma coisa é uma coisa, outra coisa é outra coisa, como diz um filósofo do futebol. A existência do velório também depende da cultura da família: uns adotam, outros não. Curiosamente, enquanto outras religiões cultuam a morte de seus mestres, o budismo não. O principal acontecimento da vida de Sidarta foi a iluminação, não o seu nascimento ou morte.

Que fim leva a alma de um budista?

Não há alma no budismo como se considera no Ocidente. O que há é a integração das oito consciências. Além dos cinco sentidos que já mencionei, há um sexto, que é o sentido mental. Este formula as ideias a partir das mensagens captadas pelos cinco sentidos. O sétimo é o centro do pensamento que deseja, que raciocina, que pensa. O oitavo é o armazenamento de tudo o que se conheceu na vida até aquele momento.

Os seis primeiros sentidos captam a realidade que os cerca e enviam um relatório para o centro do pensamento, conhecido como *Manas.* Esse é o chefão que avalia, elabora, organiza e devolve para os seis sentidos suas conclusões. Outro relatório é enviado ao almoxarife, conhecido como *alaya.* Tudo o que está lá armazenado, desde os tempos imemoriais, constitui o *carma.* Ou seja, ações e pensamentos praticados por uma pessoa são uma energia espiritual.

12. A Lei da Causa e Efeito: O *Carma*

Todas as coisas condicionadas são impermanentes.
— Dhammapada

Uma pessoa é uma combinação de matéria e mente. O corpo pode ser encarado como uma combinação de terra, água, fogo e ar. Já a mente é uma combinação de sensação, percepção, ideia e consciência. Assim, toda a natureza, inclusive as pessoas, está sujeita ao ciclo de formação, duração, deterioração e cessação.

O budismo ensina que você é responsável por sua própria vida, independentemente de estar feliz ou triste, de se encontrar em uma situação agradável ou dolorosa, e assim por diante. Isto é chamado de lei do *carma*. As intenções que levam às ações são mais importantes do que as ações em si. A questão é simples: se agir com má-fé, experimentará a má-fé no futuro (nesta ou na próxima vida). Os resultados podem demorar, mas certamente vão acontecer, quer queiramos ou não. Portanto, o *carma*, ou *karma*, é o intervalo de tempo entre a causa e o efeito.

O Buda ensinou que a interpretação e o conhecimento da vida se dão pelos olhos, ouvidos, nariz, língua, corpo e mente. A interpretação do que é coletado pode conduzir à alegria ou à tristeza. O apego a essas sensações resulta na ligação passional vida após vida. O ciclo do nascimento e morte só termina com a iluminação. Assim, os renascimentos das pessoas estão associados à consciência originada nas memórias e no *carma* das vidas passadas.

Afinal, o que é *carma*?

Carma é uma palavra que vem do sânscrito e significa "ação", "trabalho" ou "feito". Assim, qualquer ação, física, verbal ou mental, realizada com intenção, resulta no carma.

A consciência do *carma* criado em vidas passadas é possível. Os seres renascem em várias formas de existência, e o renascimento em forma superiores ou inferiores é determinado pelos bons e maus atos — pela qualidade do *carma*. A isso se dá o nome de Lei da Causa e Efeito, da qual nenhum ser consegue escapar.

O mestre chinês Hsing Yun resume bem o que é o *carma*:

1) Os três mestres do *carma* são o corpo, a fala e a mente;
2) De acordo com as ações praticadas podem ser divididos em positivo, negativo e neutro;
3) As sementes do *carma* se manifestam quando há condições apropriadas;

4) O *carma* que amadurece nesta vida refere-se aos frutos de ações realizadas nesta vida;
5) O Bem gera o Bem, o Mal gera o Mal;
6) Ninguém está isento da Lei da Causa e Efeito;
7) Uma vez provocada uma causa, ela gera inexoravelmente um efeito;
8) Causas e efeitos são indestrutíveis e não erram nunca;
9) É o *carma* que determina se uma pessoa vai renascer como ser humano;
10) Deuses não impõem os efeitos cármicos. Logo, o *carma* é uma criação pessoal;
11) O *carma* implica em igualdade de oportunidade. Logo, não há favoritismo;
12) A Lei de Causa e Efeito é justa e a ninguém é dado o usufruto de privilégios de qualquer espécie;
13) O futuro não pertence às divindades: está nas nossas mãos. Ou seja, cada um colhe o que plantou.

Na tradição *theravada*, você consegue purificar o carma negativo praticando uma vida virtuosa e cultivando a tolerância. Já no zen, a purificação acontece por meio de um processo de reparação que difere, significativamente, da versão *theravada*. Além de admitir ter feito um mal e de se comprometer a não agir daquela maneira novamente, a reparação zen é entendida como uma oportunidade de limpar a tábua cármica e voltar à pureza primordial de sua natureza original.

Em outras tradições, como na *vajrayana*, os praticantes realizam essa purificação aplicando, conscientemente, os quatro poderes oponentes: arrependimento, sentir remorso pelo mal que se praticou e reconhecer e admitir os erros.

Assim, se liberta do ciclo da insatisfação e se alcança um estado de clareza, paz e alegria extraordinárias, que pode ser atingido como resultado da prática do caminho espiritual budista.

13. Então Budistas Gostam de Sofrer?

Felizes vivemos na realidade, amistosos entre as pessoas hostis.
Vivemos livres de ódio no meio de pessoas hostis.
— Dhammapada

É falso o entendimento de que a primeira verdade divulgada pelo Buda é que a vida se resume em sofrimento. Em suma, os budistas não são morbidamente fixados no sofrimento. Pelo contrário: os budistas, primordialmente, se preocupam em atingir uma felicidade e liberdade duradouras, que não dependem das circunstâncias imprevisíveis da vida. Segundo o Buda Shakyamuni, uma grande parcela do sofrimento é autoinfligido, isto é, oriundo dos nossos pensamentos ou atos, que por sua vez são influenciados pelos nossos sentidos.

As coisas não são ilusões; as coisas são como ilusões: elas parecem existir de uma maneira, mas, na verdade, existem de outra. Por exemplo, em uma ilusão ótica, uma linha pode parecer mais longa do que outra linha, mas na verdade ela é mais curta.

As sensações que mais provocam apego são dinheiro, poder, fama, operação plástica, botox... Coisas superficiais. Já as nossas emoções coroam o apego com uma pitada de ciúme, duas colheres de raiva e uma boa dose de rancor. E põe rancor nisso. Ele cabe em qualquer das disputas que nos metemos — no trabalho, na quadra ou na balada. Tudo vai bem se conseguimos acumular status, dinheiro e beleza física. Portanto, a conclusão mais simples é que o sofrimento está associado, primeiramente, às ações de nossa mente. Ela age com dolo, com intenção de atingir um objetivo.

O motor do nosso sofrimento é a ignorância. Ela tem a força de um Ferrari em dia de grande prêmio. Ver as coisas como elas realmente são não é nada agradável. É melhor se agarrar na ilusão e deixar o barco correr, depois cuidamos da economia. No entanto, só com a ignorância sob controle é possível alcançar a libertação do ego do ciclo de nascimento, doença e morte.

Afinal, como resumir o que é budismo?

1) É uma religião prática devotada a condicionar a mente inserida em seu cotidiano, a fim de levá-la à paz, serenidade, alegria, sabedoria e liberdade perfeitas;
2) As aflições universais da humanidade são a morte e envelhecimento;
3) A compreensão disso é a iluminação;
4) Buda alcançou a iluminação por seu próprio esforço, como todos devem fazer;

5) Máxima do budismo: venha experimentar você mesmo;
6) *Dharma* são os ensinamentos do Buda;
7) *Theravada* ou *Hinayana* enfatiza o alcance da iluminação por esforço próprio;
8) *Mahayana* além da busca da iluminação tem o objetivo de servir a todos os seres sencientes;
9) Os *bodhisattvas* do *mahayana* têm por missão salvar o universo;
10) A expansão do budismo no Sri Lanka foi liderada pelo rei Ashoka, no século III a.C., e na China, na dinastia Ming, no século I d.C.;
11) Uma pessoa é uma combinação de matéria e mente nos ciclos de formação, duração e deterioração e cessação;
12) As seis sensações são as criadoras da ilusão. O apego a elas resulta no desejo e ligação passional vida após vida;
13) Os nascimentos estão associados à consciência proveniente das memórias e do *carma* das vidas passadas;
14) Nirvana não é um lugar, mas um estado de consciência suprema de perfeita liberdade e liberação. É o fim da reencarnação e do sofrimento;
15) As aparências e o que pensam a nosso respeito também são fontes de sofrimento. Ele está primariamente associado com as ações de nossa mente.

Em todos os livros de divulgação, se explica a doutrina fundada por Sidarta. O ponto de partida são as Quatro Nobres Verdades divulgadas no primeiro discurso de Buda em Benares, na Índia:

1) A vida está sujeita a todo tipo de sofrimento. Os mais básicos são nascimento, envelhecimento, doença e morte. Ninguém consegue passar sem eles;
2) A verdadeira causa do sofrimento é a ignorância, que leva ao apego, desejo e ganância. Esta produz renascimentos acompanhados de apego passional durante toda a vida;
3) O caminho que leva à cessação do sofrimento passa pela eliminação total da ignorância, do apego, da ganância e dos desejos. O ápice é o estado de bem-aventurança, ou nirvana, onde todos os sofrimentos são extintos. Qualquer ser humano pode chegar lá;
4) O caminho que leva ao fim ao sofrimento se chama Nobre Caminho Óctuplo, definido pelas Oito Sendas.

As Oito Sendas são um desdobramento da quarta verdade:

1) Compreensão correta: compreender as coisas como elas realmente são;
2) Pensamento correto: desenvolver a bondade, não causar o mal ou prejudicar quem quer que seja;
3) Palavra correta: evitar mentir e usar frases ásperas, falar abobrinhas, xingar;
4) Ação correta: não roubar, matar ou participar de sacanagens (é a mais indicada para os políticos);
5) Meio de vida correto: recusar ganhar dinheiro com tráfico, matança de animais ou corrupção.
6) Esforço correto: praticar meditação, domar a mente, evitar ações que prejudiquem os outros;

7) Plena atenção: manter a consciência das ações do corpo e da mente, manter o ego com o cabresto curtíssimo;
8) Concentração correta: através da meditação, desenvolver serenidade para entender as Quatro Nobres Verdades.

O Buda indicou também os caminhos com que se pode melhorar o carma através da prática das seis perfeições:

1) Caridade;
2) Moralidade;
3) Paciência;
4) Perseverança;
5) Meditação;
6) Sabedoria.

Com isso, é possível entender que a felicidade verdadeira e duradoura está na profundeza de nossas mentes e temos meios de acessá-la. A concentração exige postura e respiração corretas, mas a meditação vai além disso: é a busca de um estado da mente estável.

Existem pecados no budismo?

Os preceitos que procuram a virtude disciplinam e ajudam a diferenciar o certo do errado.

Se um budista comer um suculento Big Mac, do McDonald's, ele vai para o inferno? Para começar, não existe o inferno como se conhece no Ocidente. Para ser budista não é preciso ser vegetariano. Se puder evitar comer carne, melhor, uma vez que é um animal a menos a ser abatido.

E se um budista assistir a um filme pornô? É pecado? Não. Quando um budista toma consciência de que quebrou alguns dos preceitos, ele não precisa rezar dez sutras e dois trípticos. Não há a quem pedir perdão. Nem a Deus? Nem a Deus. Ele se arrepende, analisa por que quebrou um dos preceitos e procura descobrir, pelo seu próprio esforço, como melhorar para não mais agir contra a virtude.

14. Os Budistas São Idólatras?

Deus não existe nem inexiste.
Embora residindo em todas as formas, é ele sem forma.
— Bhagavad Gita

Como já disse, as imagens podem ser queimadas se forem de madeira e estiver muito frio — elas nada significam. Para início de conversa, ninguém sabe exatamente como era o rosto de Sidarta. Tem apenas um apelo de simbologia. Ainda assim, nada mais contraditório, os templos têm muitas estátuas, algumas cobertas com folhas de ouro.

Se você for a Bangkok ou Yangon, vai ver gigantescas estátuas do Buda deitado, coberto de folhas de ouro. Nos países budistas, é comum encontrar monumentos ao longo das estradas, conhecidas como *stupas.* São milhares. A população acredita que eles abrigam uma relíquia do Buda, talvez um osso ou uma cinza do local de sua cremação. Faz parte da crença desses povos, ainda que não diga respeito à essência da religião.

A relíquia mais conhecida é um dente do Buda guardado na cidade de Kandy, no Sri Lanka. Todos os dias pela manhã, milhares de peregrinos se espremem para ver a relíquia. Eu estava lá para ver. E antes que me perguntem por que Buda tem as orelhas compridas, explico que há uma lenda que diz que ele tinha 32 sinais da sua santidade. Na planta dos pés também há uma simbologia. No meu livro *Buda: O Mito e a Realidade* (Editora Madras, 2014), dou detalhes.

Os ritos variam de país para país, de templo para templo e de altar caseiro para altar caseiro. Eu mesmo tenho uma pequena capela budista em meu sítio.

Fazer reverências, *gashô*, oferendas, incensos e flores é uma tradição, não um ato religioso. Alguns budas — não o Shakyamuni —, segundo crenças locais, fazem milagres, recebem pedidos e até dão dinheiro se um visitante passar a mão em suas barrigas. Isso tudo, no entanto, não faz parte da essência da religião.

Nos templos, ouvem-se orações?

Há muitos tipos de cerimônias nos templos budistas. Datas comemorativas, como o nascimento do Buda, têm direito a um banho de chá na estátua. Também há cerimônias para os mortos e casamentos — eu mesmo me casei no templo Shingon, em cerimônia oficiada pelo monge Ricardo Mário Gonçalves.

De acordo com a cultura original do templo, há leituras de sutras cadenciados, acompanhados de um pequeno tambor que marca o ritmo da fala. Gongos e grandes tambores completam uma riqueza imensa para ser distribuída a todos que se interessam pela cultura oriental. Contudo, a atividade mais importante são as sessões de meditação. Há formas diferentes de se postar no zendo, acompanhar as explicações do mestre e tomar um ban-chá após o término da meditação, geralmente de uma hora de duração.

15. De Novo, A Meditação

Quem a tudo, renuncia, jubiloso, alcança, j
á agora, a mais alta paz de espírito.
— Bhagavad Gita

A meditação tem tal importância na religião budista que é preciso dar mais alguns detalhes. É bom que o local escolhido seja agradável, com uma iluminação feita por uma vela no centro da sala. Silêncio e frescor são bem-vindos.

Há pelo menos quatro posições para meditar. Para iniciantes, é recomendável o uso de uma cadeira, enquanto os demais podem se sentar sobre os joelhos ou com as pernas cruzadas, como se vê nas estátuas budistas. Em todas, o ponto central é manter a coluna ereta, as mãos descansadas no colo ou nas pernas, e um leve toque entre os dedos. Os praticantes de yoga têm mais facilidade. Olhos a 45 graus, ombros relaxados, boca fechada com a língua no céu da boca.

A respiração é muito importante. Inspirar com quatro tempos, manter o pulmão cheio em quatro tempos, expirar em quatro tempos e segurar o pulmão vazio em quatro tempos. Procure manter a mente atenta ao ar que entra e sai dos pulmões.

Contudo, a meditação não significa apenas se sentar em uma das posturas acima. Esses são o hardware do processo. O software é o controle da mente através de um processo gradual e moroso. A mente tenta fugir. Cria imagens, sons, recupera fatos passados, e se recusa a se acalmar. É o touro de que falei lá atrás. Pula daqui, puxa para lá, ameaça se jogar no primeiro abismo que avistar, entre uma série de truques perigosos.

Não desista se tiver dificuldades. Eu mesmo tive muitas. Contudo, com perseverança, é possível ficar imóvel e entender que a verdadeira felicidade está nas profundezas de nossa mente. Uma das formas de chegar lá é a prática constante da meditação. Aos poucos, o touro vai se acalmando e permite o seu controle.

Retiros são comuns nos templos

Um retiro organizado por um templo não é um escapismo, como muita gente pensa. É uma oportunidade de praticar com mais afinco a meditação, acompanhar as palestras dos monges e participar, nem que seja por uns dias, de um *sangha*. Geralmente, ocorrem em feriados prolongados, como o Carnaval, e se realizam em templos ou sítios afastados do barulho das grandes cidades.

É uma experiência extraordinária participar de um *seshin*, um retiro, onde as meditações ocorrem várias vezes durante o dia e a noite. Não é fácil acordar para meditar entre 1h e 2h da madrugada — uma vez, eu estava tão cansado que quase me levantei durante uma dessas meditações e saí correndo. Quase.

Não há competição. Se não for possível fazer todas as práticas, haverá outras oportunidades no futuro.

De onde viemos, para onde vamos

As pessoas recorrem às religiões também para saber de onde vieram e para onde vão. O budismo tem uma forma peculiar de explicar a origem do universo e de todos os seres. Não é fruto de um criador, nem do desejo de um deus, de um sopro divino, nem de uma explosão que propagou o som Om em todo o universo. Tem uma explicação mais simples, que é a Gênese, ou Origem Condicionada.

Ela está atrelada à Lei da Causa e Efeito que expliquei anteriormente. Assim, todas as coisas existentes no universo são interdependentes. Se as condições são favoráveis, elas surgem. Se são desfavoráveis, elas desaparecem. Algo semelhante se dá com o ser humano entre a concepção e a morte. Assim, os fenômenos surgem devido à combinação de muitas causas.

Imagine um tecido bem trançado. Ele é um objeto composto de fios, linhas, tintura e bordados nas pontas. Enquanto todos esses elementos permanecem unidos e se completam, ele existe. Mas se for desfiado, linha por linha, ele deixa de existir. Sua existência está condicionada à soma dos elementos que o compõem. Sem essa combinação, o que existe é a linha, o fio, o bordado, mas não o tecido. Sem causas e condições adequadas, nenhum fenômeno pode existir. Conclusão: os fenômenos não surgem por si próprios.

A história é testemunha que qualquer sociedade não poderia ter surgido sem a existência da que a antecedeu. Ela não brotou do nada, é fruto do surgimento de novas condições para uma nova vida. No fluxo do tempo, é impossível encontrar uma entidade isolada de todas as outras. A Gênese Condicionada é algo sem começo nem fim, é um círculo eterno. Assim, nem o budismo se preocupa com isso. Veja a evolução das espécies. Sem condições favoráveis, os seres unicelulares nunca teriam se juntado, formado os pluricelulares, os mais complexos e por aí vai.

E o Adão e Eva? É melhor perguntar a um rabino, a um padre ou a um imame.

16. Tudo o Que Surge, Um Dia Desaparece

Atividade é melhor que a inatividade.
— Bhagavad Gita

O Buda histórico, ou Shakyamuni, nunca se interessou por debates metafísicos, tão ao gosto dos filósofos e religiosos de outras tradições. Nada contra, teria dito o Mestre, apenas estou ocupado com outras coisas. Ele se apegou apenas ao preceito de que tudo o que surge, um dia desaparece. Isso se aplica ao corpo humano ou ao que se entende no ocidente como alma. A Verdade não pode ser modificada por debates, discussões ou guerras. Ela existe por si só.

O vazio é a base de toda a existência. Ora, se está vazio, nada existe. Mas, para o budismo, vazio não significa inexistência. Sem o vazio não poderiam existir os fenômenos, porque jamais manifestariam o seu valor e função de existência. Sem um espaço vazio para ocupar, nada poderia ser criado. Isto quer dizer que nós viemos do vazio e vamos voltar para ele até que condições propícias proporcionem um novo renascimento.

Viemos do vazio? Vamos voltar para o vazio? Sim, de acordo com o budismo. Se o universo não fosse vazio, a vida humana não poderia existir. Peço que avalie corretamente a extensão da palavra vazio, que repito não significa inexistência. E Deus?

Todos os fenômenos são impermanentes, portanto vazios. Todas as coisas são relativas, portanto, irreais e vazias. A natureza do vazio contempla o sofrimento e a impermanência. Todas as coisas condicionadas são impermanentes, uma vez que nem por um instante permanecem imutáveis, surgindo e desaparecendo a cada momento.

Você pinta uma porta de metal para não enferrujar e imediatamente após a pintura ela começa a se deteriorar. Não se sabe em quanto tempo, mas o processo de destruição já começou. Será que isto vale também para a vida humana? Começamos a assim que nascemos?

Afinal, quando as coisas existem?

No budismo, conforme vimos, não há nada permanente. Assim, as ações do passado estão extintas. Não adianta chorar sobre o leite derramado, diz o povo. Nem vídeos e selfies guardadas no celular são capazes de trazer de volta pessoas ou paisagens. As ações do futuro ainda não chegaram a existir, nem mesmo quando se usa um par de óculos do metaverso. As ações do presente mudam, ou extinguem-se, assim que surgem. Até a mente é impermanente, uma vez que nossos pensamentos surgem e desaparecem constantemente, mudando a todo momento.

Tudo muda rapidamente na vida, na casa, no trabalho, no relacionamento, e achamos que possuímos tudo. Percebendo isso, fica mais fácil se livrar do apego, um dos três venenos.

Diante desse quadro, não há espaço para a individualidade como a conhecemos. "Tudo eu", como dizia o personagem do Chico Anysio. A impermanência destrói essa ilusão. Para haver individualidade, há a necessidade de um ser permanente, autônomo, imutável e independente. Por isso, a ausência de uma individualidade substancial é um ensinamento único, que distingue o budismo de outras religiões e filosofias — estresso, *que distingue,* não que seja melhor ou pior que as outras. O julgamento é seu.

17. Um Sobrevoo Sobre o Budismo

E se o homem não encontrar a paz dentro de si, como pode ser feliz?
— Bhagavad Gita

Os budistas precisam se motivar pessoalmente e usar seus próprios esforços, uma vez que não há um líder carismático para liderá-los. Com isso, chega-se à conclusão de que o importante não é a personalidade do Buda, mas os seus ensinamentos, que culminaram com a fundação de uma nova religião. Ele insistiu que os seus ensinamentos foram baseados na sua própria experiência. Não houve inspiração divina, como outros fundadores de outras religiões. O Buda não é um intermediário entre o divino e os seres humanos.

A prática de exercícios de yoga treina a mente e ajuda muito na meditação budista. O próprio Buda usava uma postura iogue para meditar e dar palestras para os seus seguidores. É bom lembrar que a yoga é de origem hinduísta e há quem a considere uma religião. Se gostar do assunto, leia meu livro *Os Sábios* (Bella Editora, 2021).

O Buda deixou bem claro que não queria um culto pessoal. Contemporâneo de outro reformador do hinduísmo, Mahavira, recusava-se a receber homenagens religiosas. Gautama, o Buda, insistia que os ensinamentos destinados a homens e mulheres eram a passagem para transcender o mundo e os seus sofrimentos, como alcançar a libertação e descobrir um valor absoluto.

Pela oportunidade, o budismo abriu as portas para as mulheres, que também se tornaram monjas e acompanhavam o mestre em suas andanças pela Índia. Em qual outra religião antiga as mulheres foram tratadas com tanta igualdade e dignidade?

Sidarta, o Buda, era hinduísta antes de ser budista. Assim, não se pode separá-lo da tradição vivida na Índia no século V a.C. Por isso, falava como manda a tradição filosófica indiana: solene, formal e impessoalmente. Como já disse aqui, ele se recusava a falar de questões esotéricas e afirmar a existência de um Ser Supremo. Declarava apenas que podia ver o horrível ciclo do sofrimento que começa com o trauma do nascimento, o inexorável envelhecimento, doença, morte, pena e corrupção.

Procurar a felicidade em coisas que são transitórias e mortais não é apenas irracional: o sofrimento acumulado pelas pessoas queridas, e por si mesmo, lança uma sombra sobre o presente, estraga a beleza dos relacionamentos humanos. Se não estivermos preparados, a tragédia da vida pode ser devastadora, diz o Buda.

Outro sobrevoo sobre o budismo

Para o Buda, somos seres que caem facilmente no desespero. Temos que trabalhar duramente para criar em volta de nós a convicção de que a vida é boa, apesar de avistar dor, crueldade, doença e injustiça.

Buda estava convicto de que o nirvana é um estado absolutamente natural aos seres humanos, e pode ser experimentado por qualquer pessoa que o procure com afinco. Ele acreditava que os deuses existem, mas não estava interessado neles, ainda que fosse um homem mergulhado na cultura hindu de sua época. O universo é controlado por leis impessoais, e todos estão sujeitos a elas, inclusive os deuses. Assim, eles também não escapam da *samsara*, o ciclo de nascimento e morte.

A crença no norte da Índia de que as pessoas estavam presas eternamente ao ciclo de nascimento e morte enchia de terror tanto a população quanto o próprio Sidarta (antes de se iluminar e quebrar essa corrente infinita à qual todos os seres humanos estão presos). Eis mais uma constatação do Buda: nós não temos condições de descrever uma forma de vida que não tenha frustração, dor e sofrimento, condicionada por fatores que estão além do nosso controle.

Quando Sidarta Gautama se enfiou na floresta com os monges, eles estavam convencidos de que a vida estava cheia de dor, ameaças e sofrimentos e que o mundo era um lugar assustador. Ele constatou que há uma lei universal que governa a vida dos seres humanos, assim como a vida das antigas religiões da Índia. Chegou à conclusão de que, pela teoria do *carma*, ninguém pode ser apontado como culpado do nosso destino se não nós mesmos. Todas as ações cometidas, mais cedo ou mais tarde, vão se apresentar, ainda que em um futuro distante. Ninguém escapa de colher aquilo que plantou.

Não se pode perder tempo com coisas que desviem o caminho de quem quer chegar ao nirvana. Assim, o Buda não se cansava de dizer ao seu grupo de seguidores, *sangha*, para não perderem tempo com fofocas ou falando mal de outras pessoas. Repetia esse recado com insistência, mas, mesmo assim, os falatórios atrapalhavam quem buscava o caminho da libertação.

Nossas mentes são facilmente distraídas por estímulos externos ou pensamentos que brotam até mesmo do subconsciente. Isso faz com que seja difícil se concentrar em apenas uma coisa por muito tempo. É preciso treino e paciência.

Afinal, qual é a origem da dor tantas vezes apontada pelo Buda? Ignorância, egoísmo, desgosto, paixão e instinto de sobrevivência. Para escapar disso, é necessário enterrar o antigo ego e substituí-lo por uma maneira diferente de ver a realidade. Todavia, o ego é o símbolo sagrado mais importante da dimensão da existência, e perfaz a mesma função de Deus no monoteísmo, ou o *brahman atman* no hinduísmo e o Bem na filosofia platônica.

18. Ainda Mais um Sobrevoo

Não se fica rico sem fazer vítimas.
— HB

A transitoriedade das nossas vidas é um dos sinais mais evidentes da dor, *dukka*, e a constante causa da dor.

A meditação, como já dissemos, requer privacidade e silêncio, coisa um pouco rara nas cidades hoje. Há um ruído constante, um zumbido que atrapalha a concentração. Mas ela deve ser algo alegre, descontraída, que siga o fluxo da natureza humana e não lute contra ela. É preciso identificar os estágios que conduzem à iluminação e se livrar de todos os outros que criam obstáculos.

Não devemos nos esquecer que Sidarta Gautama, o Buda, desenvolveu o que ele chama de Caminho do Meio. Fuja das radicalizações de qualquer espécie, uma vez que elas são propagadoras dos três venenos: ódio, apego e ignorância. Para mantê-los, uma pessoa pode cometer toda sorte de atrocidades como matar, roubar, corromper, mentir e galgar fama, glória e riqueza a qualquer custo.

Na abertura deste texto, citei várias vezes a palavra *mindfulness*, ou *sati*, a forma de avaliar o comportamento de uma pessoa em todo momento do dia. Nada radical, nem intolerável, nem histérico. Também isto é um processo, uma ferramenta para ser aperfeiçoada dia a dia, sem pressa e sem preguiça.

Dor, sofrimento e desespero são a essência da *dukka*, e reafirmo que ela também se manifesta quando estamos perto de alguém ou alguma coisa que odiamos e longe de alguém ou de alguma coisa que amamos. Não obter o que queremos também causa sofrimento. Quantas vezes sentimos satisfação em provocar sofrimentos em outras pessoas?

O apego não dá sossego. Toda vez que conseguimos alguma coisa, imediatamente passamos a nos preocupar com a sua perda. O ego é voraz, estimulado pelo capitalismo contemporâneo do consumismo exacerbado e sem limites. Nem a ameaça de desestabilização do planeta é capaz de refreá-lo. O ego continuamente quer devorar pessoas e bens materiais. É insaciável.

Os deuses cultuados nos templos das religiões, segundo o Buda, são nada mais do que projeções das forças humanas subconscientes. Fé, segundo ele, significa acreditar que o nirvana existe e ele mesmo é testemunha disso. Afinal, ele repetiu até morrer que tudo o que ensinava era para ser testado pessoalmente, experimentado, e que não devíamos nos deixar levar por relatos alheios. Sem experiência, não há budismo.

Apesar de Sidarta pertencer a uma casta indiana privilegiada, a dos xátrias, e ter convivido com os brâmanes, sua doutrina não é dirigida para a elite. Fundou uma religião para todos. Obviamente, em uma sociedade antiga de castas, isso não foi aceito pacificamente pela estrutura de poder da Índia.

Historicamente, é possível dizer que o budismo, pela primeira vez, é uma religião cujo controle não estava monopolizado e confinado em um pequeno grupo — como o hinduísmo, por exemplo. O budismo tem o objetivo de abarcar toda a humanidade, sem distinção de etnia, sexo, preferências políticas, ideologias e até mesmo de religião. Repito que meditar pode ser praticado por judeus, cristãos, islâmicos, umbandistas, espíritas e qualquer outra denominação religiosa. Por isso, o budismo nunca foi o motor de guerras religiosas, uma vez que não tem dogmas. Logo, não há heresia, nem fogueira para queimar os que discordam da doutrina. (Viu, frade Tomás de Torquemada?)

Então o que faz uma pessoa pertencer a uma elite ou a uma massa de miseráveis? O nascimento, dirão os cientistas sociais. O *carma*, dirão os praticantes do budismo.

"Povo, tudo está queimando." Segundo o Buda, os três fogos de apego, ódio e ignorância não apagam nunca. Nem bombeiro resolve. A mente não deixa. Só com o controle dela é possível ir diminuindo as chamas até que, um dia, se apague totalmente.

Não há diferença entre os monges budistas e as pessoas em geral, uma vez que a virtude mais importante é a compaixão e ela é extensiva a todos. Um monge não é necessariamente um sábio, um homem santo ou que sabe coisas que os leigos não sabem. Não é um intermediário entre a divindade e o ser humano. É apenas alguém mais treinado e que escolheu um modo de vida não convencional em um mosteiro, com as roupas que julgar mais adequadas. Como disse, para ser monge não precisa raspar a cabeça e vestir um manto amarelo. Pode usar uma camiseta, uma calça jeans rasgada e um tênis. Isto também é um hábito budista.

Como se pode definir Sidarta Gautama, o Buda? Não é um deus, não tem dons sobrenaturais, não prevê o futuro, não ressuscita pessoas, não lança ameaças, não castiga hereges. Ele é o Tathagata, ou seja, o homem que desapareceu quando mergulhou no nirvana. Não é esperado que um dia retorne para castigar os maus e abençoar os bons.

A essência da doutrina budista, o *dharma*, é que nada é eterno e que há sempre separação, quer queiramos ou não, de todos e de tudo o que amamos.

19. O Medo, a Violência e a Paz Budista

Incurável é a morte para os que nascem, todo morrer é um nascer.
— Bhagavad Gita

A humanidade se transforma continuamente em um processo que não tem início nem fim. Mais recentemente, lançou o poderoso telescópio espacial James Webb, que tem como objetivo fotografar as estrelas que deram origem ao nosso universo. Só não se sabe se há um outro universo que começa onde termina o nosso. Em alguns momentos, essas mudanças são mais ou menos rápidas, dependendo do que impulsiona o processo histórico. Os que atentam para isso já viram que vivemos hoje uma aceleração que nunca foi vivida pela humanidade desde que se organizou em uma sociedade constituída.

Os atentados terroristas se tornaram rotina. Em grupos de fanáticos, ou um só terrorista, um lobo solitário, são capazes de tirar a vida de centenas de pessoas. As torres gêmeas de Nova York, o Metrô de Madri, o Moulin Rouge de Paris, uma feira em Berlim... mas também uma mesquita em Cabul, uma associação religiosa em Bagdá, uma escola de jovens na Rússia.

Alguns partidários de seitas e religiões atuais não dão aos outros seres humanos o direito de escolher suas religiões ou seu modo de vida. Em nome da divindade, seja ela qual for, mata-se, cria-se órfãos e impõe-se a censura e o modo de se vestir. Uma violência que lembra a Idade Média, quando se praticava, de um lado e do outro, o crê ou morre. O rei Ashoka, aqui já citado, o primeiro grande difusor do budismo na Ásia, aboliu essa prática. Apenas aplicou a doutrina do Buda. Nada mais.

Violência gera violência, diz o cânone budista. Os terroristas anseiam por chegar em um paraíso depois da morte, ignoram os ensinamentos do Buda que dizem que constroem um *carma* negativo e que, mais cedo ou mais tarde, vão ter que se arrepender do que fizeram.

O budismo é a religião da paz. Do respeito à liberdade de expressão. Da decisão independente das pessoas. Da não invasão da privacidade. Por isso, não impõe às pessoas se devem ou não apoiar o aborto, a pena de morte ou a troca de sexo. Cada um vai responder perante o seu *carma* as decisões que tomaram.

O budismo tem ligações doutrinárias e históricas com o combate à violência e ao medo. Desde a sua origem, reconhece que as ações violentas geram *carma* coletivo e, por isso, os que as praticam vão ser responsabilizados duplamente.

Os budistas preferem a omissão?

O budismo é uma religião de ação. Isto não quer dizer que os monges saem dos templos e partem para as ruas para convencer a população que deve aderir à única religião correta do mundo. Não há catequização, nem convites para abandonar a religião antiga e aderir à do Buda.

A ação começa na meditação, na participação de movimentos contra qualquer tipo de guerra, violência, ditadura ou outra usurpação qualquer da liberdade humana. Sentam-se na frente das tropas, cantam sutras, protegem os inocentes com o seu próprio corpo como tantos exemplos ainda são mostrados na Ásia. O budismo não serve de base ideológica ou política para a sustentação do poder, como outras religiões serviram, e por isso combater o Estado não é combater o budismo.

Os reis, imperadores e rajás não tinham apoio doutrinário para se manter no poder. Nem mesmo do pai do Buda, Suddhodana, rei de Kapilavastu. A doutrina não lhes dá nenhum poder além daqueles conferidos pela população. É verdade que seitas budistas se entrelaçaram ao poder, sobretudo no império chinês. Mesmo no Tibete, tomaram o poder político e formaram um estado teocrático. Contudo, repito, isso tudo ao arrepio do que o Buda ensinou.

Os budistas, desde a sua origem, nunca quiseram salvar a alma de ninguém à força. Primeiro por não existir alma no budismo. Em segundo lugar, por esse ser um problema íntimo de cada um, não uma atribuição do Estado. Daí não se registrarem nem guerras santas, nem cruzadas, nem jihads, nem morticínios, nem genocídios em nome do Buda e de sua doutrina. No campo budista, não há espaço para a obediência cega ao ditador de plantão. Assim, os líderes budistas, por sua própria origem, não podem acumular poder político de qualquer espécie. Nem poder econômico.

20. Salve-se Quem Puder, Ou Nos Salvamos Todos?

Não acreditem em nada do que digo, experimentem.
— Buda

Não entendam mal a palavra salvação. Não significa sair do inferno ou qualquer outro lugar tenebroso. A salvação no budismo é ser capaz de interromper a *samsara*, o ciclo de nascimento e morte. Nada mais.

A violência social está à solta na sociedade humana desde que esta se organizou após a revolução agrícola no neolítico. O desejo de possuir certo status social, político e econômico, ou a posse de produtos e objetos, o apego a esses bens, forma os motores dessa violência praticada através dos séculos. Ela é praticada na cidade e no campo e ganhou corpo na sociedade de consumo contemporânea, onde uma forma de obter esses bens é obtê-los à força, com o emprego da violência, seja ela material ou psicológica.

O Estado responde com violência, muitas vezes exagerada, com o apoio da "opinião pública". Quem foi que disse que ladrão bom é ladrão morto?

A doutrina do Buda se aplica tanto ao terrorismo como às balas perdidas nas favelas. A partir das Quatro Nobres Verdades, aqui já explicadas, é possível constatar a existência da violência, descobrir as suas causas. Sem causa, não há efeito. Na raiz de tudo está o apego de quem tem e dos que querem ter a toda força.

Um tênis Nike, um relógio Rolex, um carro BMW — o que chamam de objetos de desejos. O desejo é o fato gerador da violência, sua permanência impede o debate no campo da moral e da ética. Ele não tem limites, não respeita fronteiras, justifica os assaltos, sequestros, assassinatos, estupros e uma série de violências.

Os budistas são pacifistas de origem, por isso gostariam de ver palestinos e israelenses abandonando a Lei do Talião e se dando às mãos para viver em paz.

Ao longo da história, muitos homens tiveram atitudes budistas, mesmo sem nunca terem praticado o budismo. Felizmente, a lista é imensa, mas vale a pena lembrar de Marechal Rondon, Nelson Mandela, Mahatma Gandhi, Martin Luther King. Você mesmo pode acrescentar na margem do livro outros nomes.

Onde o ser humano vai aprender a não praticar a violência e espalhar o medo? Sair na rua ou pegar o transporte público sem ser molestado? A resposta é no cotidiano, na meditação, na observação do que ocorre à nossa volta. A busca da sabedoria para combater a violência e o medo está no âmago de cada um. Ela é inata, não é preciso enfiar a cara em livros e tratados. Basta experimentar, como disse o Buda.

O ato de abandono da violência é individual, uma decisão que depende de cada um. O máximo que se consegue na doutrina budista é mostrar o exemplo e exercer a compaixão sempre. Sem esforço pessoal, nada muda.

É preciso manter a mente com cabresto curto, como já disse. Ela cria a ilusão, que precisa ser combatida sempre, pois se a deixarmos livre teremos pouco ou nenhum controle sobre nossas vidas. A ilusão volta-se contra a mente e turva a sua percepção. Um tigre de papel, uma serpente de corda ou uma lua dentro de um balde de água em noite clara. Ter coragem é dominar o medo, não é saltar de uma ponte preso pelos pés por um elástico, esperando o pior. Ter coragem é rasgar o papel de seda que compõe o tigre, pendurar a corda que parece uma serpente, jogar a água fora do balde e procurar a lua no céu. Ter coragem é olhar um trauma de frente, uma mágoa, uma lembrança, um ressentimento e decompô-los como o tigre e a cobra.

Ter coragem é se arrepender de ações que geram *carma* negativo e procurar conservá-las, se possível.

O juiz expulsa o jogador atingido pelo adversário

Quem gosta de futebol, como eu (sou corintiano), sabe que o jogador atingido não pode revidar a agressão sofrida. Vai para o chuveiro. Assim é no budismo: retaliar jamais. O motor dessa ação é o ódio, um dos três venenos já listados aqui.

A forma de combater o ódio é não o exercer contra quem quer que seja. É um ato gerador de *carma* negativo e sofrimento, para nós e para os outros. Repito que ninguém escapa de colher o que plantou no passado, então por que plantar hoje a violência, o ódio, o medo, o escárnio, o desrespeito a outras pessoas? A pergunta de um milhão de dólares: para quê perpetuar a dor?

Entre os cinco preceitos do budismo, o mais importante é não matar. Isso vale para o ser humano e todos os seres que convivem conosco no mesmo planeta e, no futuro, no mesmo universo. Não precisa chegar ao extremo de se deixar picar por uma cobra, mas somos inteligentes o suficiente para espantá-la e continuarmos os dois vivos. Todos os seres têm o direito de viver.

Matar um semelhante é o mais grave dos *carmas*. É impedir que ele continue a busca pelo caminho da iluminação, e quem somos nós para impedir isso? Quem nos deu o poder de impedir a iluminação de um ser humano? Um ato extremo como esse se compara a uma flecha disparada, uma palavra proferida, uma oportunidade perdida: nesta encarnação, não há como voltar atrás e restituir a vida que foi tirada de alguém. Lembrem-se de que nem mesmo o Buda foi capaz de ressuscitar um bebê.

Para um *carma* negativo acumulado, não tem escapatória. Não há como voltar atrás. Vai ter consequência nesta ou em outra reencarnação. A punição não é dirigida por um deus, ou por um vigilante do mundo, mas apenas pela sequência da *samsara*, o ciclo de nascimento e morte. É preciso entender que todos os seres vivos são apenas um, ou seja, todas as criaturas do mundo têm essência búdica. Nisso está o princípio da fraternidade, da convivência pacífica, da tolerância com culturas e modos diferentes de viver a vida. O Tratado sobre a Perfeição da Sabedoria lembra: "Pessoas que gostam de matar causam repulsa em outros seres vivos".

A religião de Sidarta Gautama antes de se tornar um Buda

Como já disse aqui, o Buda, antes de se tornar um budista, era hinduísta. Era a tradição de sua família e da maioria esmagadora do povo da Índia. No tempo em que viveu, no século V a.C., não havia nem islâmicos nem cristãos. Apenas praticantes de uma religião mais complexa do que se supõe, com milhares de deuses, rezas, templos, lendas e uma imensa riqueza cultural.

Diferentemente de outras religiões, que se parecem com uma árvore de muitos galhos, mas todos apegados ao mesmo tronco, o hinduísmo pode ser representado por um feixe de gravetos, autônomos um do outro, ainda que da mesma essência. O sistema de castas, de origem divina, não podia jamais ser contestado. O monopólio da religião estava nas mãos dos brâmanes, a casta superior. Eles detinham o segredo das orações, das fórmulas secretas para os iniciados, e a receita da composição da soma (bebida dos rituais com plantas alucinógenas). Em tempo, os hindus referiam-se à religião com o nome de Sanatana Dharma. A designação "hinduísmo" é uma invenção europeia.

Seu texto mais antigo é o Vedas, que significa "palavra". Assim, Vedas se refere a palavras escritas, escrituras, oralidades e conhecimento da verdade. Ele é composto de milhares de versos de muitos poemas.

Os deuses mais antigos são as forças da natureza, que influenciam a vida dos seres humanos. Agni, deus do fogo e da Terra, está entre os mais cultuados. Seu gêmeo Indra cuida das chuvas e das enchentes. É protetor do povo e capaz de derrotar os inimigos humanos e espirituais. Outros deuses mais cultuados e cujos templos se espalham na Índia são o deus macaco Hanuman e o simpático Ganesha, em forma de elefante.

Durante o desenrolar dos tempos, a trindade Brahma, Vishnu e Shiva ganhou amplo reconhecimento dos religiosos, e a ela é atribuída a origem da vida e das coisas, assim como sua manutenção e, finalmente, destruição. Os templos têm milhares de representações de Vishnu e Shiva. Contudo, acredita-se que Vishnu, o moderador da sociedade e seu organizador, reencarnou em um avatar e veio à Terra para pôr as coisas em seus devidos lugares.

No total, há dez avatares oficiais — o do filme de James Careron não conta. Mas acredita-se que sejam milhares, um número infinito. Quando Buda passou a ser reconhecido como um líder religioso, muitos acreditavam que ele era a nona encarnação de Vishnu, portanto um avatar. Outros acreditam que o décimo é Jesus.

O cristianismo chegou à Índia pelas mãos dos portugueses no século XV d.C. e foi amplamente reforçado pelos ingleses no século XIX d.C. Singularmente, não houve choque de religiões, uma vez que os hindus consideram que todas as manifestações divinas são ilimitadas em suas manifestações. Não houve guerra religiosa. No sul do país, é possível ver várias igrejas com a representação de Cristo como um grande avatar descendo do céu. Tive a oportunidade de ver que, em algumas igrejas, a cena da crucificação não tinha o mesmo destaque da figura de Jesus, brilhante, no céu, cercado de anjos e uma expressão de otimismo no seu rosto.

Buda faz sucesso entre os pobres

Sidarta Gautama era conhecedor dos preceitos do hinduísmo e nunca desrespeitou os deuses locais. Apenas dizia que eles também estavam submetidos à *samsara*, a roda do nascimento, morte, renascimento. Dizia que todos os seres humanos têm dentro de si o princípio divino, independente de ser um nobre ou um pária. Todos podem alcançar a iluminação por esforço próprio. É claro que essas concepções bateram de frente com a crença local. Contudo, a sociedade local ansiava por mudanças e Sidarta veio ao encontro disso.

Havia condições materiais para mudanças. Buda liderou uma verdadeira revolução religiosa. Sua pregação se fazia livremente, porém sem a simpatia da casta dos brâmanes. Ao contrário de Jesus ou Maomé, que tinham poucos seguidores, Buda juntou um grande número primeiro de homens e, depois, também de mulheres. Era a *sangha*.

Houve reação dos monges contra a participação feminina, mas Buda apoiou as monjas. Depois de sua morte, a religião se espalhou para o norte, Tibete, Nepal, China, e para o sul no Sri Lanka. Dada as características particulares do budismo e suas propostas, que incomodavam o status quo, o número de seguidores na Índia diminuiu muito. Hoje, 80% dos indianos são hinduístas e 20% islamitas. Sobra muito pouco para cristãos e budistas. Mesmo assim, o budismo floresceu na Ásia e se tornou uma das grandes religiões do mundo atual.

Glossário

1. ANATMAN – Negação do ego, um dos fundamentos do budismo
2. ANYTIA – Impermanência.
3. BODHICITTA – A mente iluminada.
4. BODHISATTVA – Aquele que está a um passo da iluminação
5. BUDDHA – Iluminado.
6. DHARMA – A doutrina iniciada pelo Buda Sidarta.
7. GURU – Mestre espiritual no hinduísmo.
8. ILUMINAÇÃO – Liberdade total do mundo das sensações, encontro consigo mesmo.
9. KARMA – Ação, vem da tradição hinduísta, é o princípio da causa e efeito.
10. MANDALA – Uma representação geométrica da dinâmica entre o nome e o universo.
11. MANTRA – Vibração sonora que ajuda a desenvolver a concentração

12. MEDITAÇÃO – Técnica de treinamento e controle da mente
13. MAHAYANA – Escola budista que se desenvolveu principalmente na China e Japão
14. MUDRA – Posições das mãos nas religiões da Índia
15. NIRVANA – Estado onde se extinguem todas as paixões humanas
16. PARINIRVANA – Estágio imediatamente anterior a iluminação
17. PUJA – Ritual de preces na Índia.
18. RINPOCHE – Título dado aos lamas homenageados.
19. SAMSARA – Ciclo perpétuo de nascimento, morte, renascimento. Só cessa com a iluminação.
20. SANGHA – Comunidade budista, junto com o DHARMA e o BUDDHA se constituem nas três joias do budismo.
21. SUNYATA – Ausência de substância, princípio do vazio.
22. SUTRAS – Textos religiosos atribuídos aos discípulos do Buda.
23. TERRA PURA – A terra onde vivem os budas, segundo algumas seitas.
24. THERAVADA – Escola do budismo do sul da Ásia com sede no Sri Lanka conhecida também com Hinayana, o pequeno veículo.
25. TRIPITAKA – Os três ramos das escrituras budistas selecionadas após a morte do Buda.
26. VAJRAYANA – Escola budista do Tibete.

Referências

Se quiser se aprofundar no conhecimento do budismo.
Se você avistar um buda caminhando pela estrada, mate-o.
— Provérbio budista

Os livros apresentados foram os que eu usei diretamente para escrever este livro. Obviamente, se houver qualquer falha, é de minha responsabilidade e não dos respeitáveis autores. Alguns são mais antigos, mas há edições mais atuais.

ARMSTRONG, Karen. *Buddha.* Londres: Penguin Books, 2004.

A autora tem uma série de livros sobre religiões. Uns estão em inglês, como *Buddha,* que faz uma análise diferente da época que o Buda viveu e por que ele se tornou um fundador de uma nova região. Sugiro que leiam também seus livros sobre monoteísmo, fundamentalismo e outros temas interessantes. Recomendo com ênfase, aprendi muito com ela.

BARBEIRO, Heródoto. *Buda: O Mito e a Realidade.* São Paulo: Editora Madras, 2014.

BARBEIRO, Heródoto. *Budismo.* São Paulo: Editora Bella, 2014.

O objetivo da obra é divulgar o budismo e explicar a lenda e a realidade da religião. É, como este livro, uma obra de divulgação.

BARBEIRO, Heródoto. *O Que a Vida Me Ensinou.* São Paulo: Saraiva, 2014.

Escrevi um liveo sobre a importância do budismo na minha vida na coleção da Saraiva. É uma autobiografia onde conto um pouco da importância que algumas pessoas tiveram na minha vida e formação.

BARBEIRO, Heródoto. *Os Sábios.* São Paulo: Editora Bella, 2021.

É um encontro entre Sidarta e os seus convidados Sócrates, Zoroastro, Confúcio e Lao-Tsé. O príncipe explica para os sábios o que é a religião hindu. As anotações foram feitas pelo grego Heródoto de Halicarnasso.

BETTO, Frei; BARBEIRO, Heródoto. *O Budista e o Cristão: Um Diálogo Pertinente.* São Paulo: Fontanar, 2017.

Frei Betto e eu escrevemos o livro a partir de uma apresentação conjunta na igreja.

GARD, Richard A. *Budismo – As Grandes Religiões do Mundo, nº 6.* Lisboa: Editorial Verbo, 1981.

O livro dá uma ideia geral da doutrina budista e explica com detalhes as diversas escolas e suas características. Vale a pena ver o sobre a *sangha,* a comunidade formada por monges e leigos, e como ela se organizou em alguns países do mundo, especialmente na Ásia.

GONÇALVES, Ricardo Mário. *Textos Budistas e Zen Budistas.* São Paulo: Cultrix, 1995.

O professor da USP é um personagem importante na implantação e difusão do budismo no Brasil. Monge, culto e dedicado, Ricardo também tem um artigo na Revista da USP, nº 67, 2005, onde explica o avanço do budismo no Brasil e suas escolas. Considero-o como um dos meus mestres no budismo.

HUMPHREYS, Christmas. *O Budismo e o Caminho da Vida.* São Paulo: Cultrix, 1969.

Professor universitário, praticante do budismo desde jovem, ele é autor de vários livros interessantes, porém não muito fáceis. Recomendo a leitura para quem gosta de voos na metafísica.

KHYENTSE, Dzongsar J. *O Que Faz Você Ser Budista?* São Paulo: Pensamento, 2008.

Ouvi falar do monge em uma viagem que fiz ao Butão. Ele é diretor do Mosteiro e Faculdade Dzongsar e é muito conhecido em toda a Ásia. Escreve roteiros e dirige filmes. Polêmico, chega a ser iconoclasta. O bom humor e a clareza ajudam a entender o Budismo.

OLCOTT, Henry S. *O Catecismo Budista.* São Paulo: Ibrasa, 1983.

O texto é muito antigo, mistura fatos com mitos, mas tem a qualidade de ser organizado em perguntas e respostas. Olcott foi o fundador da Sociedade Teosófica e o primeiro prefácio data de 1881. Obviamente, ele estava contaminado com o cientificismo da época, que transparece no texto.

REICH, William. *Psicologia de Massas do Fascismo.* São Paulo: Publicações Escorpião, 1974.

É mais uma das obras mais polêmicas de Reich, escrita em 1933, ano que Hitler foi eleito chanceler da Alemanha, e o autor se autodenominava bolchevista. Há um que fala da religião como um instrumento de dominação.

TASHI, Khenpo P. *Mindful Living in Bhutan.* Melbourne: Angus & Robertson, 2010.

É excelente para quem quiser conhecer um pouco das bases teóricas e práticas da meditação. São vários capítulos com um passo a passo didático.

TEMPLO Busshinji. *Zen*. São Paulo.

O livreto publicado pelo templo soto zen de São Paulo pode ser adquirido na Rua São Joaquim, 285, em São Paulo. Lá estão os princípios básicos do budismo. Muitas informações deste livro foram tiradas de lá, bem como os desenhos com posturas para a meditação.

TOLLE, Eckhart. *O Poder do Agora: Um Guia Para a Iluminação Espiritual*. Rio de Janeiro: Editora Sextante, 2010.

É um trabalho de inspiração budista e ele cita Sidarta e alguns ensinamentos originários do zen. Vale a pena ler e sublinhar algumas passagens para releitura futura.

TRALEG, Kyabgon. *A Essência do Budismo*. São Paulo: Arx, 2002.

O monge Kyabgon Traleg é originário do Tibete e se radicou na Austrália. Os livros são curtos, claros e permitem percorrer um passo a passo sobre a doutrina do budismo e sua prática.

YÜN, Hsing. *Budismo Para Todos: Um Guia Para a Prática do Tríplice Treinamento*. São Paulo: Escrituras, 2012.

O venerável mestre está no templo Zu Lai e é autor de uma porção de livros interessantes e úteis para compreender a religião.

Coleção MyNews Explica

MyNews Explica Evangélicos na Política Brasileira – Magali Cunha
MyNews Explica Eleições Brasileiras – Luis Felipe Salomão e Daniel Vianna Vargas
MyNews Explica Budismo – Heródoto Barbeiro

Próximos lançamentos

MyNews Explica Astronomia – Cássio Barbosa
MyNews Explica Buracos Negros – Thaísa Bergmann
MyNews Explica Como morar nos EUA – Isabela Borges
MyNews Explica Vacinas – Gustavo Cabral
MyNews Explica Relações Internacionais – Guilherme Casarões
MyNews Explica Como viver em Portugal – Andrea Duarte
MyNews Explica Liberalismo – Joel Pinheiro Fonseca
MyNews Explica Fascismo – Leandro Gonçalves e Odilon Caldeira Neto
MyNews Explica Integralismo – Leandro Gonçalves e Odilon Caldeira Neto
MyNews Explica Pesquisas Eleitorais – Denilde Holzhacker
MyNews Explica Sistemas de Governo – Denilde Holzhacker
MyNews Explica Previdência do Servidor Público – Mara Luquet
MyNews Explica Interculturalidade – Welder Lancieri Marchini
MyNews Explica Exoplanetas – Salvador Nogueira
MyNews Explica o Comunismo -, Rodrigo Prando
MyNews Explica Eleições e Mercado – Jorge Simino Jr.
MyNews Explica a Rússia Face ao Ocidente – Paulo Visentini